delari

Glitzer NÄHBUCH

WEIHNACHTEN

EMF

EIN BUCH DER
EDITION MICHAEL FISCHER

Vorwort

Hey,

ich bin Nine von delari, habe eine 9-jährige Tochter und bin DIY-begeistert.

Schon als Kind habe ich alles rund ums Selbermachen geliebt. Seit ein paar Jahren hat es mir das Nähen besonders angetan, und diese Leidenschaft lebe ich gern für mich und meine Familie aus. Nach dem Erfolg meines ersten Buches „Das Glitzernähbuch für Kinder" musste es unbedingt eine Fortsetzung geben.

Du wirst sehen, dass Weihnachtsaccessoires abseits des üblichen Standards ziemlich cool sind.

Für alle, die Weihnachten lieben, ist dieses Buch eine Inspirationsquelle. Und selbst Weihnachtsmuffel werden dem Glitzer nicht widerstehen können und Lust darauf bekommen, sich neue Dekorationen und Accessoires zu nähen.

Mehr Glitzer ist mehr!

In diesem Buch zeige ich dir in 15 tollen Projekten, wie du ganz einfach zauberhafte Glitzeraccessoires mit dem Motto „Weihnachten" nähen kannst, und zwar für Groß und Klein! Dank der Schritt-für-Schritt-Anleitungen kannst du die Ideen auch ohne großartige Nähkenntnisse im Nu nacharbeiten – und die besinnliche Zeit dann umso mehr genießen. Ob als Geschenkidee, Mitbringsel oder einfach, um jemandem eine Freude zu bereiten – du kannst die Projekte vielfältig umsetzen und deinen Ideen freien Lauf lassen.

Die Projekte sind für alle Glitzer-Fans gedacht. Es sind auch einige dabei, die kinderleicht von der Hand gehen. Somit können sich auch die Kleinen ganz groß fühlen, wenn sie ein glitzerndes Accessoire selbst geschaffen haben. Ganz wichtig dabei ist meine Devise: „Perfekt ist langweilig." Es müssen also nicht alle Nähte gerade, und nicht jeder Stich exakt gesetzt sein. Was zählt, ist die Freude, die ihr beim Nähen meiner Projekte habt. Denn keiner ist perfekt, und gerade das ist auch gut so.

Auf meinem Blog www.delari.de findest du weitere interessante Nähinspirationen, DIY-Projekte und tolle Ideen rund ums Kind.

Und nun wünsche ich dir viel Spaß beim Nähen für Weihnachten, und denk immer daran:
Es kann nie genug Glitzer geben!

HOhoHo

Deine Nine

Inhalt

GRUNDLAGEN

PROJEKTE

Lebkuchenmann Brownie, S. 50

Weihnachtssocke, S. 40

Glitzer-Geschenke, S. 52

Stoffkunde

WEBWARE – NICHT DEHNBARE STOFFE

Der Begriff Webware bezeichnet Stoffe, die gewebt wurden und aus Kett- und Schussfäden bestehen. Je nach verwendeten Fasern sind diese Stoffe kaum bis gar nicht dehnbar. Hierzu gehören z. B. leichte Baumwollstoffe, aber auch Canvas-Stoffe, die schön fest und robust sind.

Webware solltest du nach dem Zuschneiden immer an den Schnittkanten versäubern, da diese sonst ausfransen. Dazu nähst du am besten mit einem Zickzackstich am Rand entlang. Zum Nähen von Webware stellst du einen einfachen Geradstich in der Länge 2,8 oder 3,0 ein.

KUNSTLEDER

Für dieses Material wird eine Kunststoffschicht auf einen textilen Grundträger aufgetragen. Hierzu zählt auch Stoff, der komplett mit Glitzer überzogen ist, und den es in verschiedenen Qualitäten gibt. Setze beim Nähen einen Teflonfuß ein, er klebt nicht am Stoff und transportiert das Kunstleder perfekt unter der Nadel.

Zum Fixieren eignen sich am besten Stoffklammern – keine Stecknadeln, denn sie hinterlassen Löcher. Verwende zum Nähen eine Universal- oder Microtex-Nadel, aber bitte keine Ledernadel, denn sie schneidet das Material, was bei Kunstleder schnell dazu führt, dass es reißt.

Kunstleder lässt sich gut mit einem langen Geradstich (3,0 bis 3,5) nähen. Zu kleine Stiche perforieren das Material zu stark, sodass es dann an der Naht schnell ausreißt.

PAILLETTENSTOFF

Es gibt viele verschiedene Arten an Paillettenstoffen. Schau bei deinen Pailletten, wie fest diese sind und ob du einfach mit der Nähmaschine darübernähen kannst. Teste es vorher vorsichtig, indem du per Drehen am Handrad die Nadel deiner Maschine steuerst. Im Zweifel entferne die Pailletten einfach aus dem Bereich der Nahtzugabe, dann bist du auf der sicheren Seite.

PVC

PVC bekommst du überall dort, wo du auch Wachstischdecken als Meterware erhältst. Das Material hat ähnliche Eigenschaften wie Kunstleder, verwende auch hierfür den Teflonfuß und eine möglichst große Stichlänge (hier wurde mit 5,0 gearbeitet).

FLEXFOLIE

Das ist kein Stoff im eigentlichen Sinn, aber mit Glitzer- oder holografischer Flexfolie kannst du dir deinen Wunschstoff kreieren. Dafür bügelst du gemäß Herstellerangaben die Folie mit deinem Muster auf den Stoff. Du brauchst dafür nicht zwingend einen Drucker, denn einfache Motive kannst du auch mit der Hand ausschneiden. Mit Dreiecken und Kreisen aus Glitzerfolie verwandelst du dein Material in einen Designer-Stoff. Du kannst es auch komplett mit holografischer Folie bebügeln. Der Stoff darf aber nicht dehnbar sein, sonst löst sich die Folie, weil sie nicht elastisch ist und die Dehnungen nicht mitmacht.

Werkzeug

Für die Projekte im Buch benötigst du:

- Haushaltsnähmaschine
- Stoffschere: Zum Zuschneiden der Stoffe.
- Zackenschere: Zum Zurückschneiden der Nahtzugabe. Sie franst dann nicht so schnell aus, und bei Rundungen gibt es schönere Nahtkanten, weil sich diese nach dem Wenden besser ausformen lassen.
- Stoffklammern: Perfekt für alle empfindlichen Stoffe und praktisch beim Nähen mit Kindern, weil sie nicht pieksen wie Stecknadeln.
- Handmaß: Braucht man immer, um schnell mal etwas abzumessen.
- Sicherheitsnadel: Um Gummiband durch Tunnelzüge zu fädeln.
- Trickmarker: Zum Markieren und Aufzeichnen von Motiven. Er hat den Vorteil, dass die Markierungen nach einiger Zeit von selbst verschwinden.
- Teflonnähfuß: Für Kunstleder und ähnliche Stoffe.
- Textilkleber, Stylefix® und Vliesofix®: Zum Applizieren von Motiven etc.
- Nahttrenner: Nicht nur hilfreich zum Auftrennen von fehlerhaften Nähten. Ich zeige dir, wie praktisch dieses kleine Ding sein kann (S. 15).

Nähgrundlagen

SCHNITTMUSTER

Auf dem Schnittbogen (SB) findest du alle Schnittmuster, die ich für dieses Buch entwickelt habe.

Die einzelnen Schnitte kannst du auf extra dafür geeignete Kopierfolie abzeichnen, oder du nimmst dicke Malerfolie aus dem Baumarkt.

Meine Schnittmuster habe ich alle mit 1 cm Nahtzugabe angelegt, du musst diese also nicht mehr extra dazugeben.

WAS BEDEUTET FADENLAUF?

Der Fadenlauf verläuft immer parallel zur Webkante.

Beim Zuschneiden dehnbarer Stoffe ist es besonders wichtig, auf den Fadenlauf zu achten, damit der Stoff sich später auch in die richtige Richtung dehnt.

Bei Webware ist der angegebene Fadenlauf ebenfalls hilfreich, denn er zeigt beispielsweise an, in welche Richtung das Muster verläuft.

WAS SIND KNIPSE?

Knipse (auch Passzeichen genannt) sind kleine Markierungen innerhalb der Nahtzugabe, die du vom Schnittmuster auf den Stoff überträgst. Dazu knipst du mit der Schere nur wenige Millimeter in die Stoffkante, genau dort, wo die Markierungen sein sollen.

Beim Zusammenfügen einzelner Schnittteile helfen dir diese Markierungen/Knipse dabei, alles passgenau zusammenzustecken.

DIE NÄHMASCHINE

Alle meine Projekte kannst du mit der Haushaltsnähmaschine nähen. Grundlegend verwende ich den Geradstich mit einer Länge von 3,0. Je nach Material kann diese aber variieren. Informiere dich vorher, welche Stichlänge und welchen Stich dein Stoff benötigt. Eine kleine Auflistung findest du in meiner Stoffkunde auf Seite 4.

Wenn ich einen anderen Stich als den Geradstich verwendet habe, wurde das in der Anleitung vermerkt.

VERWENDETE STICHARTEN IN DIESEM BUCH

Geradstich
Dieser Stich wird bei Webware verwendet, also bei nicht dehnbaren Stoffen.

Meine Voreinstellung für die Stichlänge ist hier immer 3,0 – ich passe sie aber je nach Material an.

Zickzackstich
Verwende diesen Stich für dehnbare Materialien sowie zum Versäubern der Kanten von Webware, damit sie nicht ausfransen.

Um den Zickzackstich als elastischen Stich zu verwenden, behältst du die voreingestellte Länge bei und veränderst nur die Stichbreite, je nach Material, auf 0,5–1,5. Je schmaler der Zickzackstich eingestellt ist, desto weniger elastisch ist er.

So geht's

WENDEÖFFNUNG SCHLIESSEN

Du kannst Wendeöffnungen von Hand oder mit der Maschine schließen: Für Letzteres klappst du die Nahtzugabe nach innen und steppst sie von außen knappkantig mit Geradstich zusammen. Das ist zwar nicht die hübscheste, aber die schnellste Lösung.

Um die Wendeöffnung möglichst unsichtbar zu schließen, nähst du sie von Hand mit dem Matratzenstich (auch Zauberstich) zu:

2

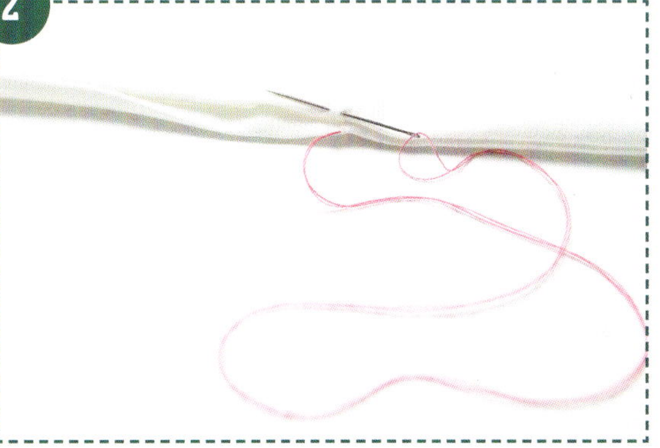

1

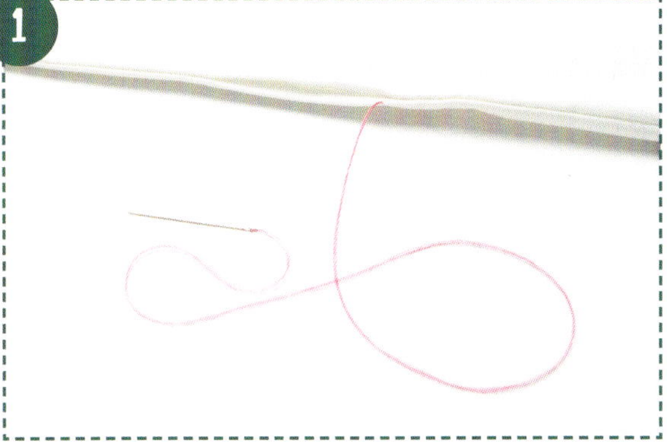

3

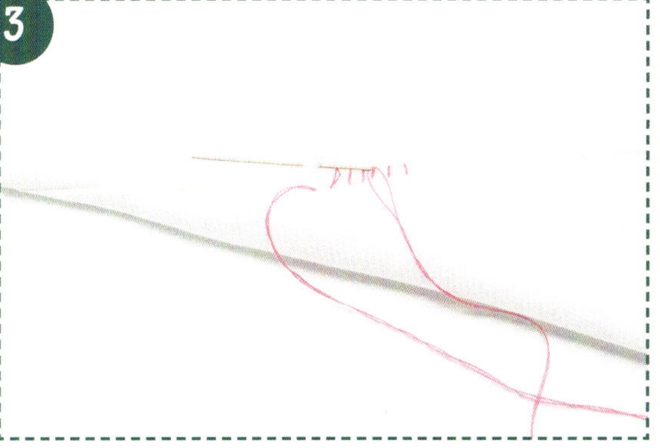

1. Fädle Garn in eine Handnähnadel ein, lege es doppelt und verknote es am Ende doppelt. Falte die Nahtzugabe nach innen, bügle und fixiere sie, wenn du möchtest, mit Stylefix®. Die Nadel von innen nach außen direkt durch die Bügelkante führen.
2. Dann an der gegenüberliegenden Kante genau in den Bügelfalz einstechen und die Nadel darin 2–3 mm weiterführen, wieder genau im Bügelfalz ausstechen und den Faden anziehen.
3. Wiederhole das Ganze, bis die Öffnung geschlossen ist, und vernähe oder verknote den Faden.

KISSEN-applikation

Was ist eine Applikation, und wie bekomme ich sie am besten auf mein Nähprojekt? Das erkläre ich dir hier anhand des Hirschkopfes und den glitzernden Weihnachtskugeln, die an Schneekugeln erinnern.

Hirschapplikation

GRÖSSE

23 x 33 cm (40 cm Kissen)

MATERIAL

- 85 x 43 cm Baumwollstoff in Rosa gepunktet
- 25 x 35 cm Kunstleder in Gold
- 25 x 35 cm Vliesofix

ZUSCHNITT

Aus Baumwollstoff

- 2 x Kissenteil: 42 x 43 cm

Aus Vliesofix

- 1 x Hirschapplikation (SB 2)

Tipp

Wie du für die Applikation ein Kissen mit nahtverdecktem Reißverschluss nähst, zeige ich dir ab Seite 12.

Schüttelapplikation

GRÖSSE

einzelne Kugel: 17 x 19 cm (50 cm Kissen)

MATERIAL

- 110 x 55 cm Cordstoff in Rosa
- 30 x 16 cm PVC-Folie
- Glitzer-Pailletten
- Paillettenband in Gold und Rosa
- Folienstift
- Klebeband
- Textilkleber

ZUSCHNITT

Aus Cordstoff in Rosa

- 2 x Kissenteil: 52 x 53 cm

Aus PVC-Folie

- 2 x Schüttelapplikation (SB 2)

So geht's

HIRSCHAPPLIKATION

1

2
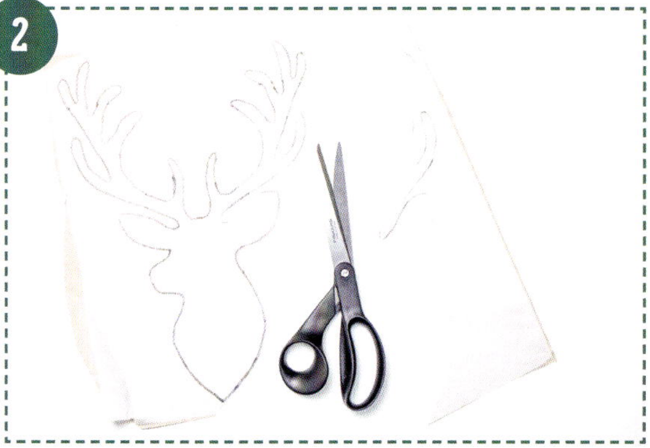

3

4

1. Vliesofix hat eine glatte (das Trägerpapier) und eine raue Seite (die Klebeseite). Auf Erstere paust du die Vorlage ab. Beachte, dass sie nach dem Abpausen spiegelverkehrt erscheint, das ist vor allem bei Schriftmotiven wichtig.
2. Das Motiv grob ausschneiden und bei mittlerer Temperatur 5–10 Sekunden mit der rauen Seite von links auf das Kunstleder bügeln. Auskühlen lassen und erst dann exakt ausschneiden.
3. Das Trägerpapier abziehen und das Motiv auf dem Kissenvorderteil platzieren. Die Applikation mit einem feuchten Tuch oder Backpapier abdecken und je 10 Sekunden schrittweise aufbügeln.
4. Jetzt kannst du die Applikation mit Geradstich in Länge 3,0 feststeppen. So können die offenen Kanten ausfransen. Du kannst sie aber auch mit einem engen Zickzackstich versäubern.

So geht's

SCHÜTTELAPPLIKATION

1

2

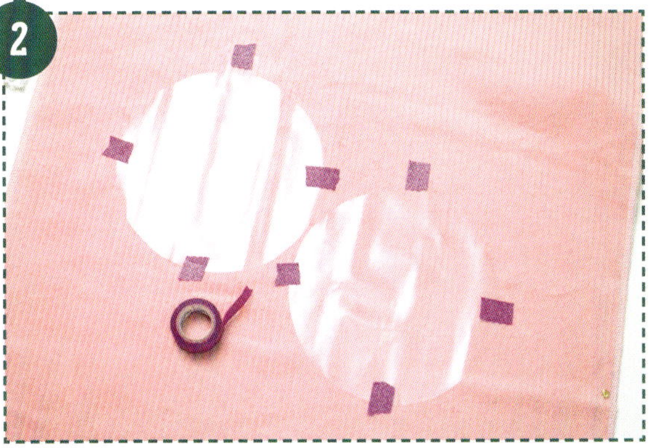

3

4

1. Übertrage die Vorlage der Weihnachtskugel zweimal auf die Folie und schneide sie aus.
2. Fixiere die Folie mit Hilfe von Klebestreifen auf dem Kissenvorderteil. Verwende hierfür keine Nadeln, sonst gibt es später Löcher im Motiv.
3. Nähe die Kugeln jeweils bis auf ein Drittel ringsum mit Geradstich in Länge 5,0 fest, fülle die Glitzer-Pailletten ein, und steppe dann das restliche Motiv fest.
4. Lege das Paillettenband in der gewünschten Form auf den Stoff und fixiere es mit etwas Textilkleber. Nähe das Band mit der Hand oder der Nähmaschine fest.

Tipp

Teste bei Kunstleder vorher an einer kleinen Stelle, ob es die eingestellte Bügeltemperatur verträgt.

EASY Kissenhülle

Ein weihnachtliches Kissen ist ein wirkungsvolles Deko-Element, das enorme Möglichkeiten für Kreativität bietet. Wie du eine Kissenhülle mit nahtverdecktem Reißverschluss nähst, zeige ich dir hier.

Kleines Kissen

GRÖSSE

40 x 40 cm

MATERIAL

- 85 x 43 cm Baumwollstoff in Rosa gepunktet
- 35 cm Endlosreißverschluss
- Trickmarker
- Nahttrenner
- Handmaß

ZUSCHNITT

Aus Baumwollstoff

- 2 x Kissenteil: 42 x 43 cm

Großes Kissen

GRÖSSE

50 x 50 cm

MATERIAL

- 110 x 55 cm Cordstoff in Rosa
- 45 cm Endlosreißverschluss
- Trickmarker
- Nahttrenner
- Handmaß

ZUSCHNITT

Aus Cordstoff

- 2 x Kissenteil: 52 x 53 cm

So geht's

1

2

3

4

1. Versäubere zuerst alle Kanten, damit sie später nicht ausfransen. Bringe jetzt die gewünschten Applikationen und Verzierungen auf den Kissenteilen an.
2. Stecke die Teile an einer der kürzeren Kanten (bzw. an der unteren Kissenkante) rechts auf rechts aufeinander. Bringe seitlich jeweils 5 cm vom Rand eine Markierung an.
3. Die untere Kissenseite mit 2 cm Nahtzugabe schließen: Dabei mit Geradstich und kleinen Stichen (Länge z. B. 2,4) bis zur ersten Markierung nähen, dann mit Heftstich (Länge 5,0) bis zur zweiten Markierung, dort wieder mit kleinen Stichen weiternähen.
4. Die Nahtzugaben auseinanderbügeln. Den Reißverschluss mittig auf die Naht legen und feststecken. Der Zipper liegt dabei auf der Nahtseite.

Tipp

Beim Umstellen auf die größere Stichlänge an der Unterkante jeweils kurz vernähen, um die Nähte an den RV-Enden zu sichern.

5

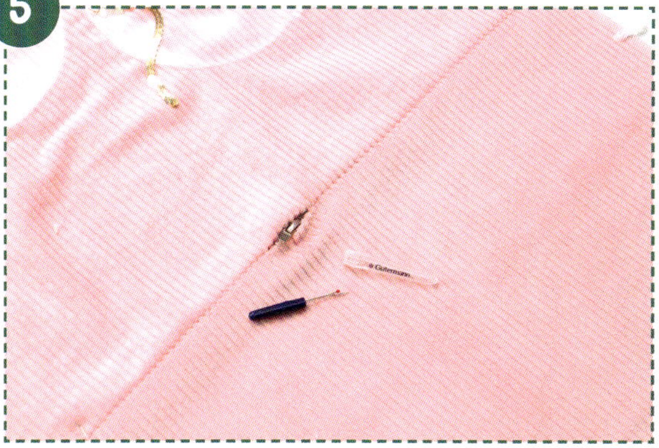

7

6

8

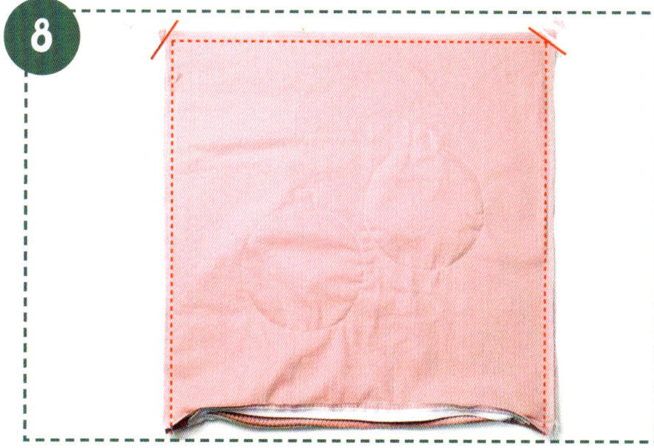

5. Die Kissenhülle nach rechts wenden. Die Naht am Zipper vorsichtig mit dem Nahttrenner öffnen.
6. Den Reißverschluss nun von rechts feststecken und die Nadeln auf der Rückseite entfernen. Achte darauf, dass die Zähnchen mittig unter der Naht liegen. Du kannst die Heftnaht auch schon komplett öffnen.
7. Nun mit dem Reißverschlussfuss und Geradstich (Länge 3,0) im Rechteck den Reißverschluss feststeppen. Mit dem Nahttrenner vorsichtig die restliche Heftnaht öffnen.
8. Den Reißverschluss öffnen, die Kissenteile rechts auf rechts legen und mit 1 cm Zugabe die drei offenen Seiten schließen. Die Ecken schräg zurückschneiden und die Hülle wenden. Die Kissenfüllung in die Hülle stecken.

NASCHI-Taschi

Perfekt für ein kleines Mitbringsel oder eine Nascherei ist das Naschi-Taschi mit glitzernden Engelsflügeln – ein Beutelchen, das jeden bezaubert.

GRÖSSE

30 x 13 cm

MATERIAL

- 20 x 40 cm Baumwollstoff in Weiß-Gold
- 20 x 40 cm Baumwollstoff gemustert
- 21 x 12 cm Filz in Grau
- 21 x 12 cm PVC-Folie
- Glitzer-Pailletten
- 80 cm Webband in Rosa, ca. 1 cm breit
- Trickmarker

ZUSCHNITT

Aus Baumwollstoff in Weiß-Gold (Außenstoff)

- 1 x Naschi-Taschi (SB 2)

Aus Baumwollstoff gemustert (Futterstoff)

- 1 x Naschi-Taschi (SB 2)

Aus Filz

- 2 x Flügel gegengleich (SB 2)

Aus Webband

- 4 x Stücke à 3 cm

So geht's

1

3

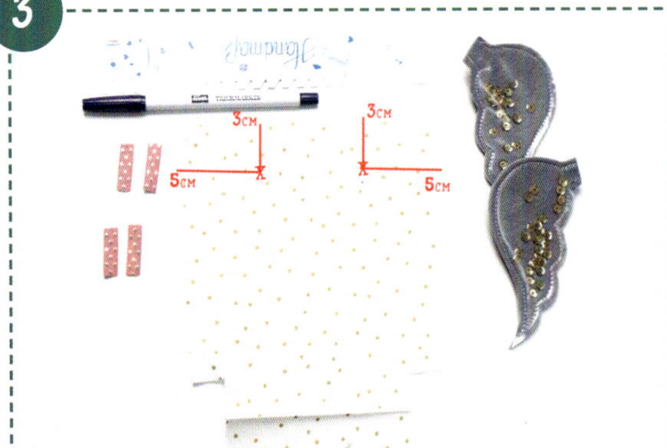

2

4

1. Zeichne die Flügel-Vorlage mit dem Trickmarker zweimal auf den Filz.
2. Lege die Folie auf den Filz und nähe mit Geradstich (Länge 5,0) innerhalb der Zeichnung die Folie zur Hälfte fest. Befülle nun den Folienraum mit Pailletten und schließe die Naht. Schneide die beiden Flügel exakt aus.
3. Übertrage mit dem Trickmarker die Markierungen vom Schnittmuster auf den Außenbeutel (Weiß-Gold) auf die rechte Stoffseite (jeweils 3 cm vom oberen Rand und 5 cm von der Seite).
4. Lege an die Markierungen die 3 cm langen Webbänder und steppe sie jeweils an den beiden Schmalseiten mit Zickzackstich fest.

5

6

5. Lege die Flügel rechts auf rechts auf den Knips des Außenteils und steppe sie innerhalb der Nahtzugabe fest.
6. Falte das Außenbeutelchen rechts auf rechts zur Mitte und schließe die Seiten. Nähe das Futterteil genauso, lass aber hier eine Wendeöffnung frei.

7

8

7. Die Ecken am Außen- und Futterteil jeweils so auseinanderziehen, dass die Seitennaht auf die Bodenmitte trifft. Die Kanten dort jeweils bündig legen und die Ecken abnähen. Jetzt hat der Beutel einen Boden.
8. Die Beutel rechts auf rechts ineinanderstecken und rundherum die obere Kante schließen. Den Beutel wenden, die Wendeöffnung schließen, das restliche Band durch die Schlaufen fädeln.

STERNEN-
haarband

Haaraccessoires mit glitzernden Sternen oder Schleifen sind nicht nur was für die Kleinen – die Haarbänder runden das festliche Outfit zu Weihnachten perfekt ab.

MATERIAL

- 7 x 7 cm Glitzerkunstleder in Rosa
- 7 x 7 cm Glitzerkunstleder in Weiß
- 7 x 7 cm Glitzerkunstleder in Gold
- 24 x 8 cm Softshell in Weiß
- elastisches Glitzerschrägband in Lachs, Länge: Kopfumfang + 5 cm

ZUSCHNITT

Aus Glitzerkunstleder in Rosa, Weiß und Gold

- je 1 x Stern (SB 1)

Aus Softshell

- 3 x Quadrat: 8 x 8 cm

So geht's

1

2

3

4

1. Die Sterne werden mit Softshell unterfüttert, damit sie später auf der Haut nicht kratzen. Lege sie auf die Softshell-Teile und steppe sie rundherum fest.
2. Schneide den überschüssigen Softshell-Stoff ab.
3. Markiere mit Hilfe einer Nadel die Schrägbandmitte und fixiere darauf die Sterne nach Belieben. Nähe sie auf den vorhandenen Nähten fest.
4. Lege die Enden des Bandes rechts auf rechts und schließe es mit einem Zickzackstich und einer Geradstichnaht zum Ring.

SCHLEIFEN-klammer

Glitzernde Schleifenklammern als Haaraccessoires sehen aus wie genäht, funktionieren aber auch super in der geklebten Version.

GRÖSSE

5 x 2,5 cm

MATERIAL

- 12 x 30 cm Glitzerkunstleder
- Haarklammer, 4 cm breit
- Textilkleber

ZUSCHNITT

Aus Glitzerkunstleder

- 1 x Schleife (SB 1)

Aus Glitzerkunstleder

- 1 x Steg: 0,5 x 2,5 cm

So geht's

1

2

3

4

1. Schlage eine Seite des Schleifenteils zur Mitte und fixiere sie mit einer kurzen Naht oder Textilkleber.
2. Verfahre mit der anderen Schleifenseite genauso.
3. Gib etwas Kleber mittig auf die Rückseite des Stegs und lege die Schleife mit der rechten Seite voran darauf.
4. Lege die Haarklammer darauf, schlage den Steg um eine Klammerhälfte und fixiere das Ganze mit einem Handstich oder mit Textilkleber.

WEIHNACHTS-bäckerschürze

In der Weihnachtsbäckerei … Mit der glitzernden Kochschürze für Groß und Klein macht das Keksebacken doch gleich doppelt so viel Spaß.

Kinderschürze

GRÖSSE

46 x 61 cm

MATERIAL

- 90 x 45 cm gemusterte Webware in Grau mit Schneemännern
- 2,35 m Glitzerwebband

ZUSCHNITT

Aus Webware

- 1 x Schürzenoberteil (SB 2)
- 1 x Schürzenunterteil: 50 x 45 cm

Aus Glitzerwebband

- 1 x Taillenband: 135 cm lang
- 2 x Trägerband: je 50 cm lang

Erwachsenenschürze

GRÖSSE

72 x 70 cm

MATERIAL

- 130 x 50 cm gemusterte Webware in Weiß mit Blättern
- 3 m Glitzerwebband

ZUSCHNITT

Aus Webware

- 1 x Schürzenoberteil (SB 2)
- 1 x Schürzenunterteil: 75 x 50 cm

Aus Glitzerwebband

- 1 x Taillenband: 180 cm
- 2 x Trägerband: je 60 cm lang

Tipp

Du möchtest noch mehr Glitzer? Wie wäre es mit einer goldenen Sternapplikation auf der Schürze?

So geht's

1

3

2

4

1. Zum Zuschneiden des Schürzenoberteils entweder das Schnittteil übertragen oder dem Foto gemäß zuschneiden. Dafür für die Kinderschürze die schräge Kante je 7,5 cm von den beiden Ecken entfernt ansetzen und für die Erwachsenenschürze je 12,5 cm entfernt.
2. Zunächst die Kanten an allen Teilen versäubern. Dann die seitlichen Kanten bei beiden Teilen je 1 cm umbügeln und mit Geradstich feststeppen.
3. Die untere Saumkante des Unterteils zweimal je 1 cm einschlagen und feststeppen. So auch die Oberkante des Oberteils säumen.
4. Jetzt die obere Kante des Unterteils auf die Breite der unteren Kante des Oberteils (35 cm für die Kinder- bzw. 50 cm für die Erwachsenenschürze) einkräuseln: Dafür mit Geradstich (Länge 5,0) entlang der Oberkante nähen, den Faden nicht vernähen, sondern hängenlassen,

5

6

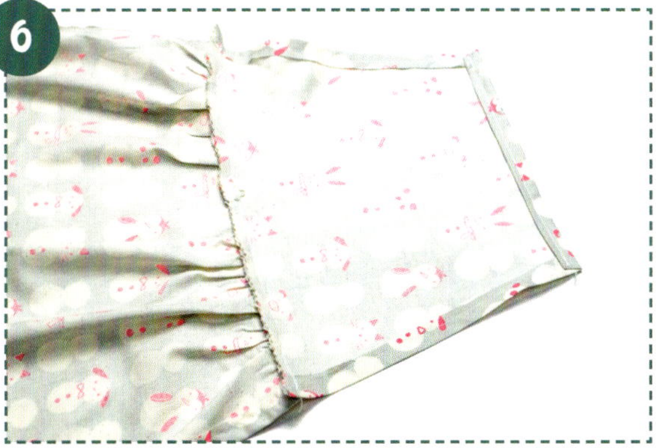

7

8

Unterfaden festhalten und den Stoff vorsichtig raffen.

5. Lege die untere Kante des Oberteils bündig rechts auf rechts auf die Kräuselkante des Unterteils und nähe es fest.

6. Bügle die Nahtzugabe nach unten ins Unterteil.

7. Lege das lange Band mittig auf die Teilungsnaht der Schürze. Stecke es fest und steppe es von rechts an beiden Längskanten entlang knappkantig fest.

8. Die kurzen Bänder jeweils an einem Ende einschlagen und 2 cm unterhalb der Schürzenoberkante von der Rückseite festnähen. Dann noch die restlichen Bandenden säumen. Die kurzen Bänder werden im Nacken, die langen Bänder um die Taille gebunden.

ADVENTS-kalender

Das Must-have für die Vorweihnachtszeit: der Adventskalender. Es gibt doch nichts Schöneres, als ihn individuell auf die Liebsten abzustimmen. Ob Schoki und Co., alles findet in diesen süßen Stoffsäckchen Platz.

GRÖSSE

ein Säckchen: 12 x 16 cm

MATERIAL

- 70 x 140 cm Webware in Rosa mit goldenem Muster
- 70 x 140 cm Webware in Weiß mit goldenen Punkten
- 9,60 m Glitzerband in Rosa, 1 cm breit
- Sicherheitsnadel
- Trickmarker

ZUSCHNITT

Aus Webware in Rosa (Außenstoff)

- 24 Säckchen: 15 x 32 cm

Aus Webware in Weiß (Futterstoff)

- 24 Futtersäckchen: 14 x 31 cm

Aus Glitzerband in Rosa

- 24 Verschlussbänder: je 40 cm lang

Tipp

Ich habe dir Adventskalenderzahlen zum Ausdrucken auf meinem Blog hinterlegt. Die Datei findest du unter www.delari.de/glitzernaehbuch-weihnachten.

So geht's

1

2

3

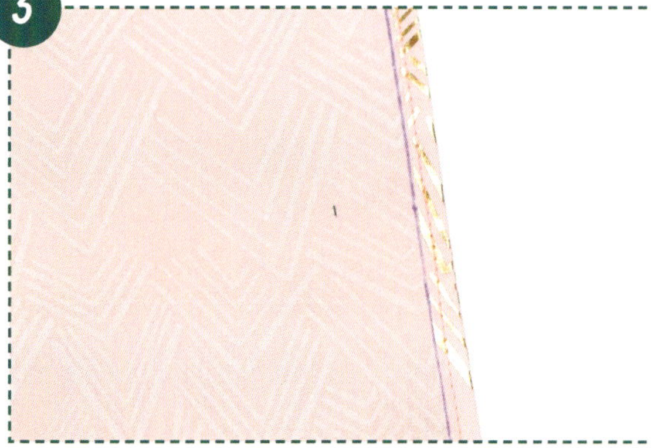

4

1. Bringe an einer Längskante des Außenteils von links eine Markierungslinie an, und zwar mit 1,5 cm Abstand zum Rand.
2. Schlage die Stoffkante um, bis sie an die Linie grenzt, und bügle sie flach.
3. Steppe den Umschlag von rechts fest.
4. Das Außenteil quer mittig rechts auf rechts falten, die unversäuberte Seite schließen. Dann die eingeschlagene Seite schließen, dabei nach 3 cm, von oben gemessen, eine Öffnung von 1,5 cm lassen (siehe Bild).

5

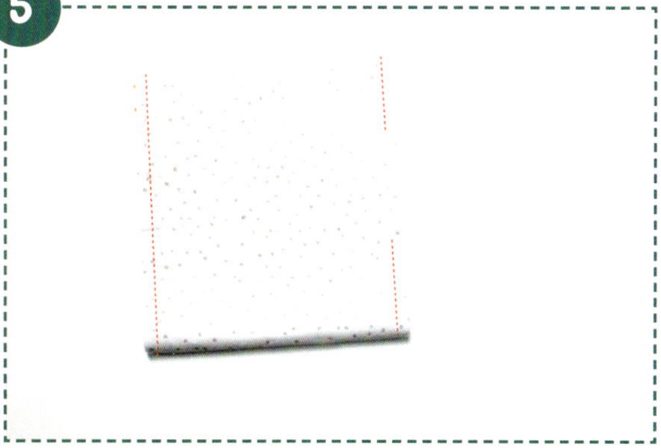

6

7

8

5. Das Futterteil quer mittig rechts auf rechts legen und die Seiten schließen, auf einer Seite eine ca. 7 cm große Wendeöffnung lassen.

6. Den Futterbeutel wenden und rechts auf rechts in den Außenbeutel stecken. Die Beutel an der oberen Kante zusammennähen.

7. Wende den Beutel. Steppe die obere Kante für den Tunnelzug mit 2 cm sowie mit 4 cm Abstand zum Rand ab.

8. Das Band mithilfe einer Sicherheitsnadel durch den Tunnel fädeln und die Wendeöffnung schließen. Fertige auf diese Weise alle Beutel an.

STERN-kissen

Hol dir die Sterne vom Himmel – mit diesem Glitzerkissen! Es hat offene Nahtkanten, die dem Ganzen einen lässigen Used-Look verpassen. Gegensätze, die wunderbar zusammenpassen.

GRÖSSE

40 x 40 cm

MATERIAL

- 85 x 40 cm Baumwollstoff in Weiß mit goldenen Punkten
- Füllwatte

ZUSCHNITT

Aus Baumwollstoff

- 2 x Sternkissen (SB 1)

WICHTIG!

Bei diesem Kissen liegt die Nahtzugabe außen, deshalb werden die offenen Kanten mit der Zeit ausfransen. Du kannst die Kanten aber auch mit Zickzackstich versäubern oder den Stern rechts auf rechts verarbeiten, sodass die Nahtzugabe innen liegt.

So geht's

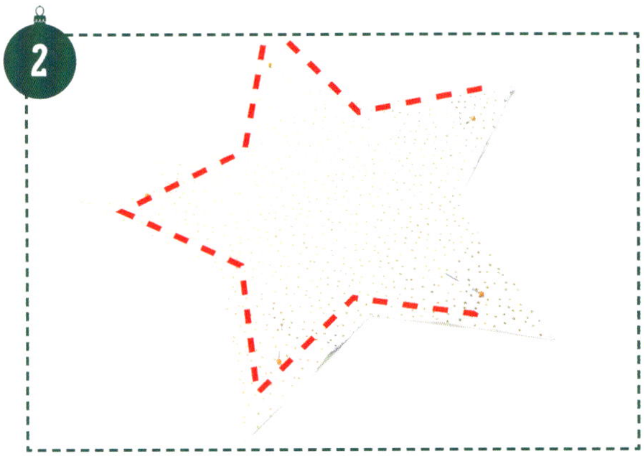

1. Lege die zwei Schnittteile des Sternkissens links auf links aufeinander.
2. Schließe die Hülle an acht von zehn Seiten mit Geradstich und einer Nahtzugabe von 1 cm.
3. Befülle den Stern mit der Watte, er sollte nicht allzu prall sein.
4. Schließe die noch offenen Seiten mit der Nähmaschine.

FLÜGEL-tasche

Wer seine Stifte engelsgleich und mit einer Menge Schimmer bei sich tragen möchte, näht sich diese Stiftetasche – die nicht nur in puncto Material besonders ist.

GRÖSSE

26 x 13 cm

MATERIAL

- 55 x 15 cm Kunstleder in Holografik-Silber
- 20 cm Endlosreißverschluss mit Zipper

ZUSCHNITT

Aus Kunstleder

- 2 x Flügeltasche gegengleich (SB 2)
- 2 x Laschen: 1,5 x 4 cm

Tipp

Bei dieser Tasche liegt die Nahtzugabe außen, schneide deshalb sorgfältig zu.

So geht's

1

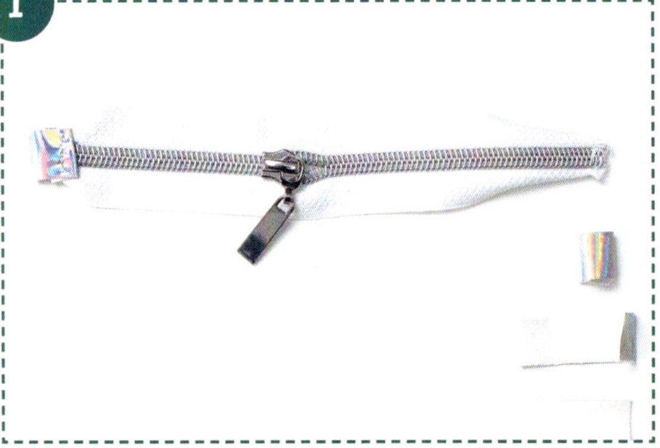

3

2

4

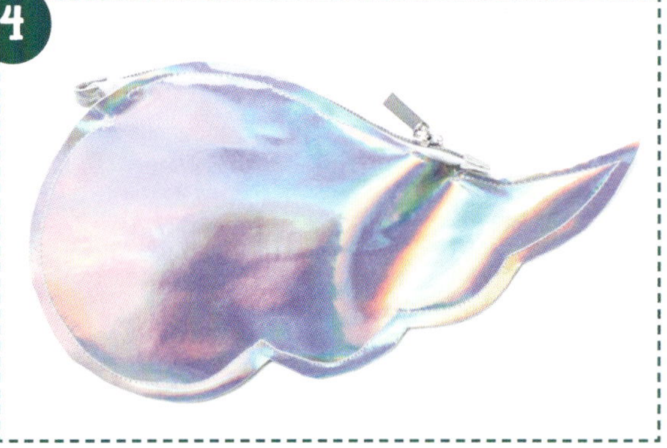

1. Die Laschenteile an den Schmalseiten je 1 cm einschlagen, jeweils um ein Reißverschlussende legen und feststeppen.
2. Den Reißverschluss mit einer Seite unter die Oberkante eines Taschenteils legen und feststeppen. Die Lage des Reißverschlusses bestimmst du selbst, hier läuft er etwas um die Rundung.
3. Dann die andere Reißverschlussseite am anderen Taschenteil feststeppen. Achte darauf, dass die Taschenteile dabei genau aufeinanderpassen.
4. Nun klappst du die Tasche zusammen und nähst sie von einem zum anderen Reißverschlussende zu. Sollte sich etwas verschoben haben, kannst du die Kanten noch etwas zurückschneiden.

WEIHNACHTS-socke

Der süße Weihnachtsstrumpf, natürlich mit Glitzersternchen, eignet sich perfekt zum Verstecken von Geschenken oder zum Dekorieren am Nikolaustag.

GRÖSSE

30 x 40 cm

MATERIAL

- 80 x 40 cm Webware in Rosa mit Glitzersternen
- 80 x 40 cm Webware in Weiß mit goldenen Punkten
- 80 x 40 cm Volumenvlies H640
- 50 x 25 cm Plüsch-Fleece in Weiß
- 15 cm Glitzerband, 2,5 cm breit

ZUSCHNITT

Aus Webware in Rosa (Außenstoff)

- 2x Weihnachtssocke gegengleich (SB 1)

Aus Webware in Weiß (Futterstoff)

- 2x Weihnachtssocke gegengleich (SB 1)

Aus Volumenvlies

- 2x Einlage: 40 x 40 cm

Aus Fleece

- 4x Umschlag, je 2x gegengleich (SB 1)

Tipp

Übertrage die Knipse auf die Stoffteile. Dafür mit einer scharfen Schere innerhalb der Nahtzugabe an den Markierungen einige Millimeter einknipsen.

So geht's

1

2

3

4

1. Die Volumenvliesteile auf die Rückseite der Außenteile bügeln (15 Sekunden/ Stufe: ••) und dann genau in Form schneiden.
2. Die Umschlagteile rechts auf rechts an die Oberkante der Futterteile legen, dabei an den Knipsen orientieren und festnähen.
3. Das Band mittig falten und seitlich an einem Futter- bzw. Umschlagteil, 3 cm vom oberen Rand, innerhalb der Nahtzugabe festnähen.
4. Nähe die anderen beiden Umschlagteile wie in Schritt 2 an die Außenteile.

5

7

6

8

5. Die Außenteile rechts auf rechts legen und die Socke bis auf die Oberkante schließen (siehe Bild). Die Futtersocke genauso schließen, aber eine Wendeöffnung lassen.

6. Die Zugabe mit einer Zackenschere zurückschneiden oder an den Rundungen bis kurz vor der Naht einknipsen.

7. Die Socken rechts auf rechts ineinanderstecken und an der Oberkante im Ring zusammennähen.

8. Die Socke wenden, die Wendeöffnung schließen und den Schaft umschlagen, damit das Band zum Aufhängen jetzt außen sichtbar ist.

RUDI-Wärmekissen

Rudi mit der pinken Nase wärmt nicht nur das Herz, sondern auch den Bauch und die Hände, wenn es draußen so richtig kalt ist.

GRÖSSE

31 x 25 cm

MATERIAL

- 50 x 30 cm Wollfilz in Grau
- 16 x 12 cm Glitzerkunstleder in Weiß
- 5 x 4 cm Glitzerkunstleder in Rosa
- 40 x 9 cm Kunstleder in Gold
- Trickmarker
- Zackenschere

ZUSCHNITT

Aus Wollfilz

- 1 x Vorderteil (SB 1)
- 2 x Rückteil (SB 1)
- 2 x Ohren groß (SB 1)

Aus Glitzerkunstleder in Weiß

- 1 x Blässe (SB 1)
- 2 x Ohren klein (SB 1)

Aus Glitzerkunstleder in Rosa

- 1 x Nase (SB 1)

Aus Kunstleder in Gold

- 2 x Geweih (SB 1)

Tipp

Du kannst das Gesicht auch plotten oder als Vorlage ausdrucken, die Datei dafür findest du unter www.delari.de/glitzer-naehbuch-weihnachten.

WICHTIG!

Rudi dient als Hülle für ein Wärmekissen im Format 19 x 19 cm. Bitte erwärme NICHT die Hülle (die Glitzerpartikel können sich stark erhitzen!), sondern nur das Kissen nach Anleitung und stecke es dann durch den Hotelverschluss in die Hülle.

So geht's

1

2

3

4

1. Mit dem Trickmarker Augen und Mund auf dem Vorderteil markieren und die Linien nachsteppen. Darauf die Blässe applizieren, dann die Nase. Die kleinen Ohren auf die großen Ohren nähen. Die Ohren unten zu einem Drittel einschlagen und mit einer Naht fixieren.
2. Die Ohren rechts auf rechts mittig auf die Knipse des Vorderteils legen und dann festnähen.
3. Die Geweihteile links auf links aufeinandernähen. Das Geweih oben mittig auf den Knips legen, es zeigt nach unten. Innerhalb der Nahtzugabe feststeppen.
4. Die Rückteile jeweils an den geraden Kanten 1,5 cm nach links umklappen und dann den Umschlag mit Geradstich feststeppen.

5

7
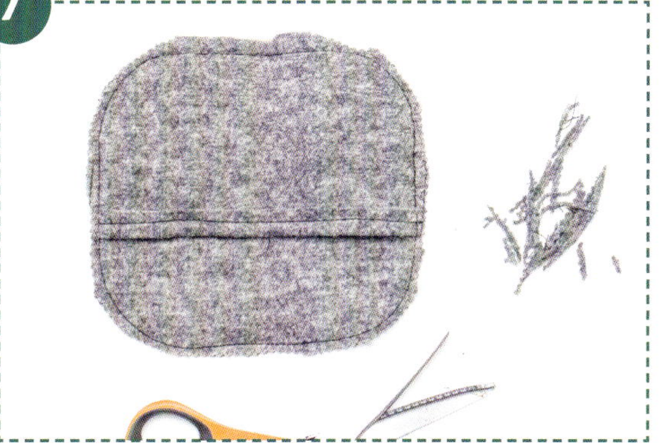

6

8

5. Die Rückteile links auf rechts aufeinanderlegen, Knips auf Knips, und außen an der Überlappung zusammennähen.

6. Das fertige Rückteil rechts auf rechts auf das Vorderteil legen. Achte darauf, dass das Geweih nicht herausrutscht, und schließe die Hülle rundherum.

7. Die Nahtzugabe mit einer Zackenschere zurückschneiden, damit sich die Rundungen schön legen.

8. Wende zum Schluss die Hülle und stecke das Wärmekissen durch den Hotelverschluss hinein.

Tipp

Alle sichtbaren Nähte sind mit 3-fach-Geradstich gesteppt – dick und schwarz unterstreichen sie den Comic-Charakter.

LEBKUCHENMANN Brownie

Brownie ist zuckersüß und doch ohne Kalorien.
Der Lebkuchenmann kommt hier mal ganz anders daher, als Kuscheltier mit Glitzerguss.

GRÖSSE

20 x 27 cm

MATERIAL

- 50 x 30 cm Jersey in Braun
- 20 cm Satinband in Gold
- Glitzer-Plotterfolie in Gold
- Trickmarker
- Füllwatte

ZUSCHNITT

Aus Jersey

- 2 x Körperquadrat: 25 x 30 cm

Tipp

Die Plotterdatei findest du unter www.delari.de/glitzer-naehbuch-weihnachten. Solltest du keinen Plotter besitzen, kannst du dir das Muster auch wie beim Rudi mit der Nähmaschine nachmalen oder Stofffarbe verwenden.

So geht's

1

3

2

4

1. Zeichne mit dem Trickmarker die Vorlage Lebkuchenmann (SB 2) auf die linke Seite eines Jerseyteils.
2. Die Jerseyteile rechts auf rechts aufeinanderlegen, feststecken und exakt auf der gezeichneten Linie mit Geradstich zusammennähen. Dabei eine Wendeöffnung lassen.
3. Schneide den überschüssigen Stoff bis auf eine knappe Nahtzugabe ab.
4. WICHTIG: Die Zugabe an allen Ecken vorsichtig bis zur Naht einschneiden, damit diese sich später schön legen. Die Zugabe auch an allen Rundungen einknipsen.

5. Den Lebkuchenmann wenden, darauf die auf Folie gedruckten Motive platzieren und gemäß Herstellerangaben aufbügeln.

6. Fülle den Lebkuchenmann mit Watte, bis er schön prall ist.

7. Schließe die Wendeöffnung mit dem Matratzenstich.

8. Das Goldband zur Schleife binden und von Hand annähen ... und der Lebkuchenmann ist fertig zum Kuscheln.

GLITZER-Geschenke

Wie wäre es mit individuellen glitzernden Anhängern für deine Geschenke oder einem eingenähten Geschenk? Mit Papier nähen ist genauso möglich wie mit Stoff. Ich zeige dir zwei tolle Ideen.

Geschenkanhänger

GRÖSSE

6,5 x 9,5 cm

MATERIAL

- Geschenkanhänger (Druckdatei)
- Druckerpapier und Drucker
- 20 x 30 cm Folie
- Glitzer-Pailletten

ZUSCHNITT

Aus Papier

- 1 x Geschenkanhänger

Eingenähte Geschenke

MATERIAL

- 2 Bogen Geschenkpapier

ZUSCHNITT

Aus Geschenkpapier

- 2 x gewünschte Form gegengleich

WICHTIG!

Wenn du mit Papier nähst, ist es für die Nadeln ungefähr so wie bei Scheren, sie werden irgendwann stumpf. Aber das ist die perfekte Resteverwertung für Nadeln, die für Stoff schon nicht mehr geeignet sind. Jetzt haben sie eine zweite Chance. Nähe immer mit einer großen Stichlänge (mind. 3,0), sonst reißt das Papier aus.

Tipp

Die Druckdatei für die Geschenkanhänger findest du unter www.delari.de/glitzer-naehbuch-weihnachten.

HOHOHO
FROHE WEIHNACHTEN
SCHNEEHE FLÖCKCHEN

So geht's

GESCHENKANHÄNGER

1

2

3

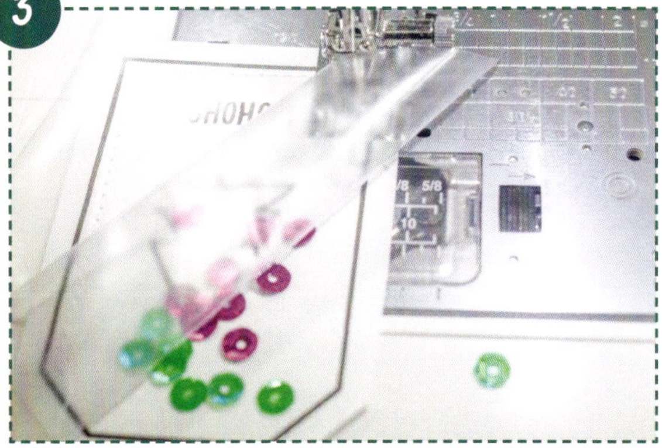

4

1. Drucke die Anhänger aus und schneide die Geschenkanhänger an der dünnen grauen Linie aus.
2. Lege ein Stück Folie auf den Anhänger, sie sollte etwas größer als dieser sein.
3. Nähe die Folie etwa bis zur Hälfte mit Geradstich innerhalb der schwarzen Linie fest. Dann füllst du unter die Folie etwas Glitzer und nähst den Rest fest.
4. Schneide die überschüssige Folie ab, fädle oben ein Band durch, und fertig ist dein glitzernder Geschenkanhänger. Mega cool, oder?

So geht's

EINGENÄHTE GESCHENKE

1

2

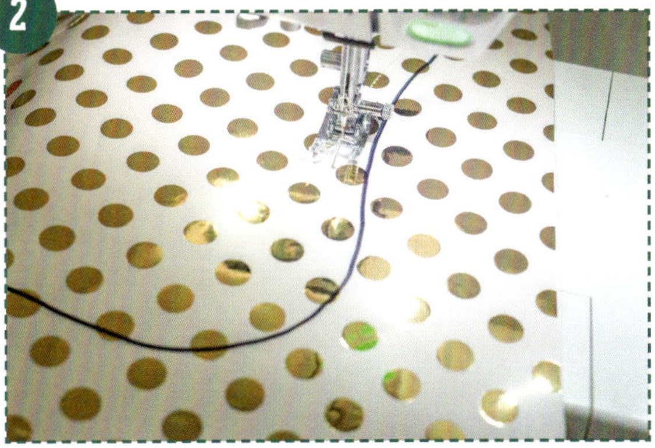

1. Zeichne die gewünschte Form auf einen Bogen Geschenkpapier, sie muss deutlich größer sein als dein Geschenk. Als Form kannst du auch einige der Schnittmuster verwenden (z.B. die Weihnachtssocke oder die Schüttelapplikation).
2. Lege einen zweiten Bogen Papier links auf links darunter und fixiere ihn mit Klammern, damit er sich nicht einrollt.
3. Nun mit Geradstich innerhalb der Linie steppen. Auf der Hälfte, legst du dein Geschenk hinein und steppst die Naht vorsichtig zu Ende.
4. Schneide das überschüssige Papier ab.

Tipp

Du kannst auch ein Band mit einnähen, das gibt noch einmal einen tollen Effekt.

STERN-girlande

Eine glitzernde und schimmernde Sterngirlande darf nicht nur zu Weihnachten das Zimmer schmücken – als Deko-Element ist sie vielseitig einsetzbar.

GRÖSSE

Stern: 14 x 14 cm

Girlande: 120 x 14 cm

MATERIAL

- 60 x 15 cm Glitzer-Vinyl in Gold
- 60 x 15 cm Kunstleder in Gold
- 60 x 15 cm Kunstleder in Rosa
- Füllwatte
- dickes Baumwollgarn, mind. 1,20 m
- Stopfnadel (Öhr passend zum Garn)

ZUSCHNITT

Aus Glitzer-Vinyl

- 4 x Stern (SB 2)

Aus Kunstleder in Gold

- 4 x Stern (SB 2)

Aus Kunstleder in Rosa

- 4 x Stern (SB 2)

Tipp

Wenn du die Sterne vergrößerst, kannst du auch ein Geschenk darin einnähen.

So geht's

1

2

3

4

1. Bei den Sternen liegt die Nahtzugabe außen, Kunstleder franst normalerweise nicht aus, prüfe es aber trotzdem zuvor.
2. Je zwei Sterne aus gleichem Material links auf links aufeinanderlegen und an acht von zehn Seiten mit Geradstich (mind. Länge 3,0) zusammennähen.
3. Fülle die Sterne mit etwas Watte, damit sie einen 3-D-Effekt bekommen. Schließe die noch offenen Seiten.
4. Das Garn in die Stopfnadel fädeln und diese quer durch einen Zacken führen, ca. 3 cm unterhalb der Spitze. Dabei stichst du durch die Naht. Fädle so alle sechs Sterne auf – fertig ist deine Girlande.

Tipp

Du kannst die Enden noch mit Kugeln oder anderem verschönern.

PAILLETTEN-Bestecktasche

Mit dieser süßen Pailletten-Bestecktasche wertest du jede weihnachtliche Tafel auf. Deine Gäste werden Augen machen.

GRÖSSE

11 x 25 cm

MATERIAL

- 50 x 30 cm Paillettenstoff in Gold
- 25 x 30 cm Vlieseline H250
- 25 cm Webband in Gold

ZUSCHNITT

Aus Paillettenstoff

- 2 x Hauptteil: 12 x 26 cm
- 2 x Tasche 1: 12 x 14 cm
- 2 x Tasche 2: 12 x 10 cm

Aus Webband

- 2 x Bordüre: je 12,5 cm lang

So geht's

1

2

3

4

1. Lege die beiden Teile der Taschen 1 und 2 je rechts auf rechts aufeinander und schließe je eine kurze Seite mit einem Geradstich.
2. Schlage die Taschen auf rechts um und steppe die eben gesetzte Naht von außen ab. Vernähe im selben Schritt die Webbänder an der oberen Kante. Verstärke die beiden Hauptteile auf der Rückseite mit der Vlieseline.
3. Lege zuerst Tasche 1 und obenauf Tasche 2 auf ein Hauptteil. Dann das zweite Hauptteil rechts auf rechts auflegen und rundherum absteppen. Oben eine Wendeöffnung lassen.
4. Wende die Tasche auf rechts und steppe den oberen Bereich ab, schließe dabei die Wendeöffnung.

love

Danke

Ich bedanke mich in erster Linie bei mir ... denn ich habe dieses Buch geschrieben 😂

Natürlich entsteht so ein Buch nicht allein durch den Autor – meine Liebsten haben mich dabei geduldig unterstützt:

Mein Mann, der mir den Rücken frei gehalten hat, damit ich die Zeit hatte, um dieses Projekt umzusetzen;

meine Tochter, die jedes einzelne Projekt bewertet und abgesegnet hat;

meine Freundin Ina, die mir zu jeder Tages- und Nachtzeit zur Seite stand;

meine Mutter, die mich vor 5 Jahren dazu „gezwungen" hat, das Nähen anzufangen. Obwohl ich echt Respekt davor hatte und meine Reaktion „Ich kann das nicht!" war. Danke fürs Schubsen. Ohne sie würde es dieses Buch nicht geben!

Auch möchte ich mich bei allen meinen Freunden bedanken, die mir nicht böse waren, dass ich schon wieder eine ganze Weile keine Zeit für einen Kaffeeklatsch hatte.

Mein weiterer Dank gilt den Unternehmen, die meine Kreativität und mein Buch unterstützt haben: Alles für Selbermacher, Snaply und Rico Design.

Ein Dank geht auch an Judith von der Edition Michael Fischer, die allen Fragen und Ideen offen gegenüberstand.

Und dann danke ich natürlich auch dir, dass du Glitzer und meine Projekte so sehr liebst wie ich, und mein Buch jetzt in deinem Besitz ist.

Impressum

Der Verlag bedankt sich bei buttinette, Alles für Selbermacher, Snaply sowie Rico Design für das freundliche Materialsponsoring.

Bibliografische Information der Deutschen Bibliothek.

Die Deutsche Bibliothek verzeichnet diese Publikation in der Deutschen Nationalbibliografie.

Detaillierte bibliografische Daten sind im Internet über http://www.dnb.de/ abrufbar.

EIN BUCH DER EDITION MICHAEL FISCHER

1. Auflage 2019

Covergestaltung: Helena Eichinger
Layout: Yvonne Witzan
Satz: Anne-Katrin Brode
Projektmanagement: Judith Wiedemann
Lektorat: Gisela Witt, München
Bilder und Schnitte: © Janine Piatkowski

ISBN 978-3-96093-487-5

Gedruckt bei Polygraf Print, Čapajevova 44, 08001 Prešov, Slowakei

www.emf-verlag.de